EL DUENDE VERDE

ANAYA

Juan Ignacio Luca de Tena, 15. 28027 Madrid

1.ª edición, marzo 1990
2.ª edición, mayo 1992
3.ª edición, febrero 1998
4.ª edición, septiembre 1999
5.ª edición, febrero 2002

Diseño: Taller Universo

ISBN: 84-207-3656-2
Depósito legal: S. 131/2002

Impreso en Gráficas Varona
Polígono El Montalvo, parcela 49
Salamanca
Impreso en España - Printed in Spain

EL DUENDE VERDE

Antonio Rubio

EL ARCHIPIÉLAGO DE LA CABRA

Ilustración: Jesús Gabán

QUERIDO LECTOR

Este cuento lo provocó mi hijo, que era insaciable pidiendo palabras. No les daba descanso a sus oídos, y mi boca tampoco se fatigaba de hablarle y de besarle.

Un buen día aparecieron, en nuestro viejo coche amarillo, cinco piratas, cinco, seis si contamos al loro que descansaba sobre el hombro del capitán.

A Ignacio le agradó su presencia, y a mí también.

Después,
se llegó una princesa
con ojos de nuez...

Era verano. Con el calor de la tarde se nos presentaban en la siesta los corsarios. Olían a salitre y cantaban gravemente.

Se quedaban con nosotros hasta que el sueño los volvía invisibles. Después, claro, de haber navegado varios mares y atracado algún mercante.

La princesa dejaba en nuestras sábanas un perfume de jazmín.

Y el cuento no terminaba nunca, nunca...

Hasta que un día, Ignacio empezó a olvidar a los piratas y quiso ser vegetal como Pinocho... Entonces decidí escribir aquellas aventuras.

Para esta labor utilicé las anotaciones que el capitán pirata había escrito en su cuaderno de bitácora con una pluma de su loro. La misma pluma que ahora uso para firmar:

I N D I C E

A los piratas, Ignacio y Carlitos.
A las princesas, Esther y María.
Y a todos los piratas y princesas de Trabenco.

1

Donde se presenta a los principales personajes de esta historia.

HABÍA una vez cinco piratas, cinco, ni uno más ni uno menos, que dedicaban las veinticuatro horas del día al arriesgado oficio de piratear.

Uno era cojo, con pata de palo. Y manco, con garfio en un brazo. Y tuerto, con parche en un ojo. Y... capitán. Sobre todo, capitán.

Capitán del barco pirata y todos sus enseres, de proa a popa. Y capitán, cómo no, de los otros cuatro piratas.

Y del loro.

Un loro burlón. Insolente las más de las veces. Y, con demasiada frecuencia, maleducado.

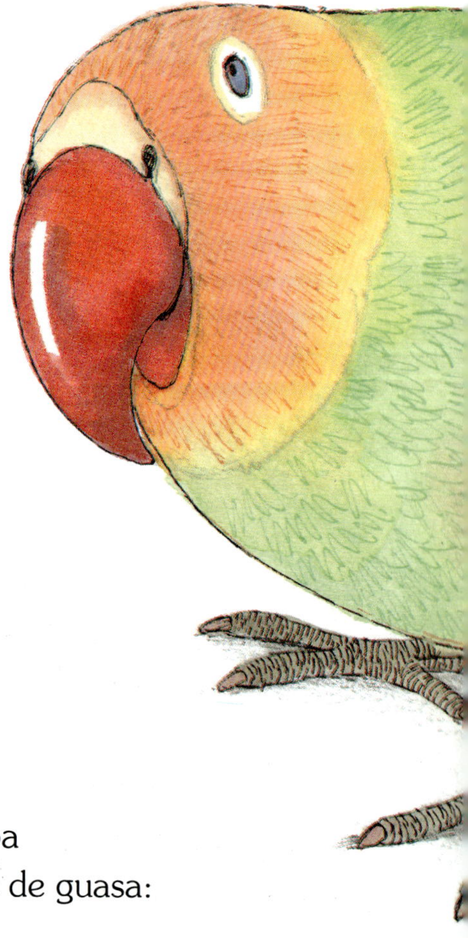

Si gritaba
iracundo el capitán:
—¡Al abordaje!
O:
—¡A estribor!
El loro multiplicaba
sus órdenes con aire de guasa:

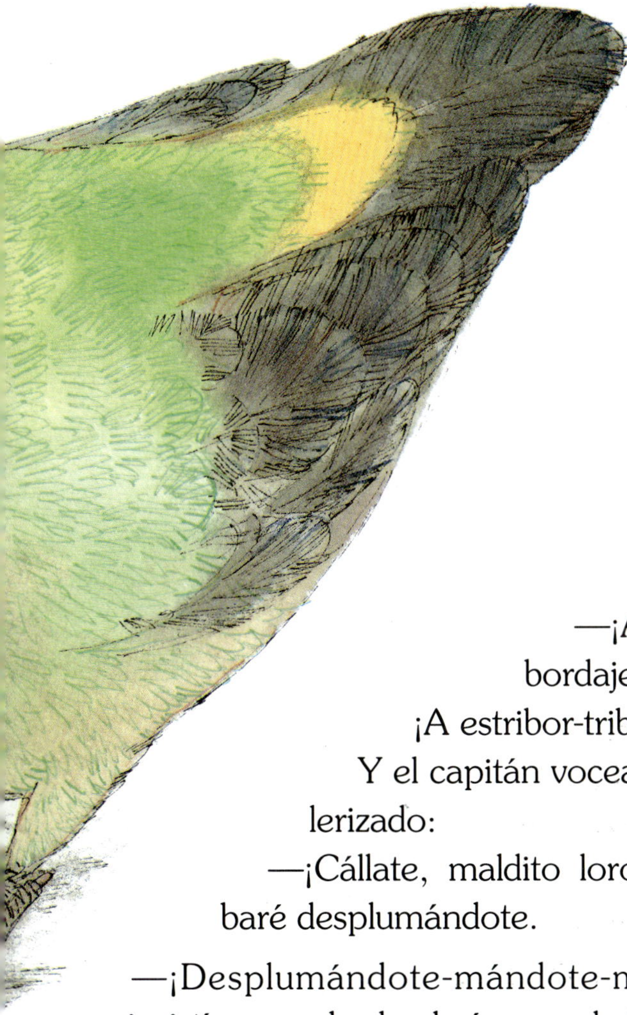

—¡Abordaje-bordaje-bordaje! ¡A estribor-tribor-tribor!

Y el capitán voceaba encolerizado:

—¡Cállate, maldito loro, o acabaré desplumándote.

—¡Desplumándote-mándote-mándote! —insistía en su burla el pícaro volador.

Los otros cuatro piratas tenían este aspecto:

Uno era negro, negro del todo, azabache, y sólo se le distinguía a la luz del sol, a pleno

día. Durante la noche era fácil confundirlo con el mástil del barco, debido a su color de madera requemada.

Otro era bajito, muy bajito. Tanto que le costaba un sufrimiento saltar por los costados del barco, y si un compinche no se acordaba de auparle llegaba tarde a los abordajes, o cuando estaba terminando el ataque.

Era el tercero un gran lector de novelas de piratas. Lo sabía casi todo sobre cartas de navegar, banderas, códigos secretos, gigantescas ballenas y antepasados gloriosos.

El cuarto y último estaba dotado de excelente paladar. Por eso se encargaba de faenas de bodega... Con sólo golpear sus nudillos en un barril de licor era capaz de averiguar el contenido exacto en litros, calidad, vejez y color del brebaje... Resulta innecesario añadir que dormía recostado en los barriles. Y que allí permanecía las horas muertas hasta que un mal grito del capitán le sacaba de su aturdimiento:

—¡Holgazán! ¿Quieres izar la bandera de una vez?

—¿Cuál de ellas?

—¡La de luto, inútil, porque voy a descuartizarte...!

—¡Zarte-zarte-zarte! —remedaba el loro.

—¡Cállate, pajarraco del infierno, o acabaré desplumándote!

Pero, casi siempre, antes de que el capitán le lanzase su garfio con malvadas intenciones, el lorito ya volaba sonriente más arriba del palo mayor.

Los cinco piratas, seis si contamos al loro, conocían los siete mares mejor que los dedos de sus nueve pies. Distinguían a diez yardas un bergantín de una goleta, y podían averiguar, simplemente a ojo o por el olfato, si un barco mercante que se les aproximase estaba cargado de doblones o maravedíes.

Tenían su guarida en una isla minúscula del inmenso océano. Sobre la isla vivía una cabra. Una cabra dócil y servicial que rumiaba tréboles sin pausa.

Junto a aquella islita había otro centenar de islitas, semejantes todas en tamaño y apostura. Y la cabra servía de referencia a los corsarios, ya que sin ella no resultaba sencillo averiguar bajo cuál de las ciento y una islas se ocultaba su guarida... Hasta el loro podría dar fe de más de una noche pasada a la intemperie, en los primeros tiempos, cuando la cabra no estaba con ellos todavía.

Al conjunto de islotes se le conocía como El Archipiélago de la Cabra. Y parece lógico que así fuese, porque el rumiante aquel era lo único destacable en el paisaje.

La cabra se llamaba Cabra.

De haber existido más cabras, hubiera sido necesario ponerles nombre, numerarlas o pintarlas de colores para distinguirlas, pero existiendo sólo una, con llamarla Cabra, con mayúscula, era más que suficiente.

2

Donde se cuenta cómo fue hallada la cabra Cabra flotando sobre medio barril a merced del oleaje.

CIERTO lejano atardecer regresaban los corsarios al Archipiélago con sus nueve manos vacías, casi abatida la embarcación, zozobrante, con la bandera arriada y el capitán a punto de desplumar al loro...

—¡No escaparás, pájaro inútil! ¡No escaparás!

De repente, a no más de tres saltos de delfín, se divisó medio barril de madera bamboleándose sobre las olas con suavidad. En su interior se distinguía un rostro huesudo y con perilla cana que terminaba en dos cuernos retorcidos.

—O se trata de un genio marino, o es, simplemente, una cabra... —anunció el capitán parapetado detrás del catalejo.

Y resultó ser... una cabra. Una cabra aterida de frío que baló, con un poco de esperanza y un mucho de temor, cuando se encontró frente a los piratas.

—¡Subidla a bordo! ¡Subidla, o se me partirá el corazón! ¡Ja, ja, ja! —ordenó el capitán y exclamó acto seguido alzando el tono: ¿Quién diantres pudo dejarse olvidada una cabra en pleno océano?

—Quizás sea una cabra huérfana... —sugirió tímidamente el pirata pequeño.

—O, tal vez, una cabra marina... —continuó el pirata negro mientras la izaban a cubierta.

—O una cabra naúfraga... —apostilló el pirata lector.

—¿Y por qué no se lo preguntáis a ella? —sentenció el capitán.

Entonces, el pirata de bodega interrogó:

—¿Quién te metió en el barril y te dejó a la deriva, cabrita?

A lo que la cabra contestó con tres tímidos "bee", que dejaron cejijuntos a los piratas, pero que al capitán debieron parecerle todo un síntoma de discreción y prudencia, porque dijo:

—Se me ocurre que podríamos utilizarla para diferenciar nuestra isla entre las ciento una... Si la colocásemos sobre la trampilla de nuestra guarida podría servirnos de orientación.

—¡Bravo! ¡Es una gran ocurrencia! —prorrumpieron en gritos los cuatro piratas rasos. Y pirata lector, en solitario, resumió:

—Ella nos servirá de señal. Con sólo verla ya sabremos el punto exacto de nuestra madriguera... Y el Archipiélago puede llamarse desde hoy, Archipiélago de la Cabra...

—Y así lo harás constar en nuestro atlas —remató el capitán.

Y dicho y hecho. Pusieron, sin demora, rumbo al Archipiélago de la Cabra, sabedores de la cantidad de problemas que les iba a ahorrar aquel triste y tísico rumiante.

Hasta el barco se contagió de su alegría, y comenzó casi a brincar sobre las olas, airoso, volatinero, mientras los piratas entonaban:

La vida del pirata
es la vida mejor,
raptamos princesitas
para comerlas con arroz,
roz,
roz...

3

De cómo los piratas entonan maitines y algún que otro contratiempo posterior.

UNA mañana, al despuntar el sol, la cabra Cabra, ya vieja guardiana de la isla, baló como gallo tempranero para despertar a los piratas y al loro, y levantó con una pata la trampilla de la guarida para darles noticia del amanecer.

Apareció primero el loro, raudo, como disparado por una honda. Al poco, el capitán, enérgico, vociferante:

—¡Arriba, gandules!

Arrastraba a los otros cuatro como a cuatro fardos somnolientos y plomizos.

Casi a gatas se aproximaron al mar, que no quedaba más allá de siete pasos de hombre sobrio, y quizás alguno más si quien los caminaba era el pirata de bodega.

Se humedecieron los párpados con media docena de gotas de la mar salada y obligaron al retaco a echarse al agua para que aproximase el bote.

Una vez a bordo de la embarcación, de pie junto al mástil, alzaron la vista al cielo para ver cómo se izaba la negra bandera de calavera y tibias cruzadas, mientras entonaban, con dignidad pirata, su canción de Levar Anclas:

Nada más salir el sol
las anclas hay que levar
y nuestra bandera izar
junto a la vela mayor...

Después de soltar amarras, el barco zarpó del fondeadero con tic nervioso, bostezando. Y ordenó el capitán:

—¡Todos a sus puestos!

Y al punto de oír la orden, la cabra Cabra, de nuevo sola en su isla, cerró con una pata la trampilla que conducía al secreto interior, y empezó a rumiar tréboles disimuladamente.

También los piratas se situaron en sus lugares correspondientes:

El pirata lector se enfrascó en la lectura de *La Isla del Tesoro.*

El pirata de bodega, recostado sobre un barril de ron, se dispuso a afilar los cinco cuchillos de asalto, intercalando en su quehacer algún que otro sorbo de licor.

El pirata negro, con piel de madera requemada, recogió las jarcias y empezó a sacar brillo a las cornamusas, que era una labor paciente y meticulosa y necesitaba de ritmo africano. Por eso, silbaba armoniosamente: "Fuiii-fui-fui-fui-fuiií..."

El pirata pequeño se dirigió al timón. Y el capitán, con su fiel loro al hombro, mojó en saliva un dedo para cerciorarse de la dirección del viento.

—¡A toda vela! —gritó con tal ímpetu que a punto estuvo de caérsele del hombro el loro, que, sobresaltado, pió varios improperios.

Con viento a favor, se deslizaba rauda la embarcación sobre el azul, y no más allá de doce millas navegadas con placidez, sin contratiempos, se encontraron cara a cara con el barco que días atrás les había malogrado el asalto...

Ocurrió que los piratas, después de tener doblegada a la tripulación mediante cuchilladas al aire, bramidos aterradores y muecas luciferinas, se dispusieron a cargar todas las arcas visibles en cubierta, y cuál no sería su sorpresa al comprobar que sus manos no podían despegarse de las arcas, porque aquellos cofres estaban bien pringados con engrudo.

Los tripulantes de la nave asaltada esbozaron sonrisas de complaciencia. No cabía duda, su truco había funcionado a la perfección, y los corsarios estaban atrapados como moscas, por golosos... Pero el capitán, aprovechando que su garfio no quedó pegado, los mantuvo a raya... Y el loro, siempre atento a los percances de sus compadres, llegó por las alturas con el remedio conveniente: una disolución de escamas de pez hacha, pintiparada para cortar la soldadura de engrudo a sus amigos... que, cuando se vieron libres, arrojaron al mar a la tripulación dañinamente ingeniosa:

—¡Que los tiburones con sus dientes felices os castiguen!

Y el escarmentado capitán, hoy, lo tenía todo previsto y anunció a su compinches:

—¡Poneos los guantes, por si nos tienen preparada la misma jugarreta!

Asaltaron con endiablada ferocidad, apoderándose de cuantos cofres y baúles pudieron cargarse a las espaldas, sin que esta vez tuvieran contratiempos con engrudos.

Todo salió a pedir de boca. Todo, excepto que el pirata pequeño trataba de saltar la baranda de cubierta y los guantes se lo dificultaban aún más, porque resbalaban sobre la aceitosa madera... Y, en éstas estaba, cuando el resto de bucaneros, loro incluido, ya regresaban alborozados con la mercancía.

4

*De cómo a los piratas les dan gato
por liebre, y alguna loable
hazaña de su loro.*

ABRAZADOS en círculo, bailaban y cantaban los piratas alrededor de los baúles recién saqueados:

La vida del pirata
es la vida mejor,
el mar es nuestra casa
y el sol nuestro timón,
món,
món...

El loro, sobre sus cabezas, no paraba de agitar jubiloso las alas. Pero... cuando decidieron abrir los cofres... una increíble sorpresa tuvo lugar...

¿Cómo imaginar lo que había dentro?

¡Gallinas!

Sí. Más de cincuenta gallinas enfurecidas que la emprendieron a picotazos con los cinco, y con tal puntería para atinar a sus nalgas, que se diría estaban entrenadas.

Corrían los piratas de un lado a otro de la embarcación para esquivarlas, pero ellas, más ágiles, se multiplicaban.

Y así estuvieron nadie sabe cuánto, hasta que por fin consiguieron refugiarse en la bodega y atrancar la puerta.

Parece ser que el loro, que al fin y al cabo algún lejano parentesco debía guardar con ellas, logró convencerlas de que subieran a dormir sobre los travesaños del mástil:

—Ya está bien por hoy... Es hora de que subáis a dormir —debió decirles, mientras él con sus hermosas alas y su pico hercúleo, fijó el timón rumbo al Archipiélago.

Todo el viaje de vuelta se lo pasó, el loro, dándose a sí mismo las órdenes pertinentes:

—¡Rumbo suroeste! ¡Viento fuerza tres! ¡A toda vela!

Más que nada por dar ánimos al pájaro, y confirmarle la exactitud de su rumbo y faenar.

Y en esta ocasión fue el capitán, desde su refugio, quien desempeñó la tarea de loro repetidor:

—¡Suroeste-suroeste-suroeste! ¡Vela-vela-vela!

Y cuando fue noche cerrada, negra como grillo, salió de la bodega con gran sigilo el pirata negro, que desde luego era el más apropiado para llevar a cabo el plan que ingenió su capitán:

Pirata negro, confundido en la oscuridad, fue atando cabos a las patas de cada gallina, aprovechando el profundo dormir de estas aves... Más tarde, el loro anudó en su pico la punta de los cordeles, e inició un vuelo veloz con todas ellas detrás...

Una vez alejadas del barco, lorito regresó desentendiéndose de la peripecia aérea de las gallinas.

Terminado el plan sin contratiempos, los piratas abatidos aguardaron, con caras de perro, el desembarco en su isla.

La cabra Cabra, sospechando el malhumor de sus amigos, les dedicó tres balidos amorosos.

Y ellos, después de acariciar el lomo del rumiante, se introdujeron en su guarida...

donde permanecieron varios días sin dirigirse la palabra más allá de lo imprescindible:

—¡Aparta tus sucias manos de mi vista!

—¡Te quitaré a golpes de garfio los ronquidos!

—¡Que los mares se traguen tu apestoso aliento!

Y así hasta varias docenas de mofas y baladronadas que habríamos escuchado si se nos hubiese permitido entrar en su cubil...

También habríamos oído el golpear insistente de una gota de agua en el suelo de su cueva... Suelo alfombrado con monedas de bronce y níquel dispuestas en ajedrez... Y hubiéramos quedado fascinados al contemplar la pared transparente de cristal-roca, y lo que tras ella se divisaba...

5

En el que los piratas avizoran el mayor tesoro de su larga vida.

RESULTA imposible precisar los días que nuestros piratas permanecieron en el Archipiélago, ocultos en el interior de la isla.

Y menos aún dar la fecha de aquella mañana tibia en que soltaron al viento sus velas y se hicieron a la mar, dispuestos a recomponer sus ánimos maltrechos.

Vista desde el barco, la cabra Cabra se empequeñecía poco a poco, como por encantamiento o juego malabar.

—¡Rumbo sur! —había rugido el capitán

poco antes de recoger su cuaderno de bitácora, donde apuntaba con pluma de cola de loro los detalles de la travesía.

El loro, padre y dueño de esa pluma, depositaba, de cuando en cuando, sobre el blanco cuaderno del capitán, algunas motitas de excremento.

Esto sacaba de quicio al capitán:

—¡Maldito loro, acabaré desplumándote!

—¡Desplumándote-mándote-mándote! —remedaba el lorito mientras ascendía a las alturas como cohete de ferias.

El mar estaba un poco soliviantado, y la caligrafía del capitán, ya de por sí temblorosa, semejaba ahora una tormenta eléctrica.

Decidió, por tanto, dejar las anotaciones para mejor ocasión, y empezó a caminar a zancadas por la cubierta, de un extremo a otro, poseído de una energía no usual.

Se detuvo de pronto, olisqueando el aire con grandes aspavientos.

Aquel olor que resaltaba entre el salitre, los efluvios de bodega y la humedad del navío, era un aroma inconfundible por lo dulce y delicado, y la nariz, la descomunal nariz del capitán, lo discriminaba perfectamente de los otros olores.

¡Aquel era un aroma de princesa!

Y, a juzgar por su parecido con el jazmín y la bergamota, sería un aroma de princesa niña...

Princesa niña ataviada con encajes de seda y bordados de precioso metal...

¡Y sus ojos serían como las nueces!

Carraspeó el lorito. Golpeó nervioso el capitán su pata de palo contra el suelo de tablas. Abrieron bien abiertas sus orejas los otros cuatro.

—¡Trece grados a estribor! —chilló finalmente el capitán. Señaló hacia allí con su único índice e intuyó que en esa dirección estaba el sueño magnífico de toda su vida. El golpe de suerte que, por fin, la fortuna le brindaba.

—¡Una princesa... Una princesa...! —balbuceó.

—Una... prin ¿qué? —tartajearon al unísono los otros cuatro.

—¡Una PRIN-CE-SA, inútiles! —repitió casi agónico, con un hilo de voz, segundos antes de desmayarse.

—¡¿Ha dicho una princesa?! ¡¡¡Ha dicho una princesa!!! —vocearon los piratas rasos con bocas abiertas como sandías.

6

De cómo los piratas asaltaron una embarcación con insignia real.

RECOBRÓ la memoria el capitán con los golpes de pico del loro —cloc-cloc-cloc sobre su dura mollera—, y estuvo pronto restablecido.

Se divisaba en lontananza un formidable barco de amplio y majestuoso velamen y costados dorados. Los últimos rayos de un sol de atardecer le hacían relumbrar... Todo él parecía de oro.

Cuando estuvo algo más próximo se distinguió su bandera: Un triángulo azul turquesa con diminuta corona amarilla... Sin lugar a dudas transportaba mercancía real.

—¡Corrige el rumbo, timonel! —bramó el capitán.

El viento favoreció el viraje, y pirata retaco sostuvo enérgico la caña del timón.

—¡Este será el rapto más extraordinario de nuestras vidas!

Pirata lector abandonó *La Isla del Tesoro.* Subió las navajas afiladas el de la bodega. Y el negro se acercó al capitán para compartir el catalejo.

—¡A toda vela!

Y a toda vela voló la embarcación pirata a su destino, como impulsada por gigantescas ballenas... no tardando en tener al navío real al alcance de un tiro de honda.

En cambio, la nave real ni modificó su rumbo ni aceleró la marcha. Tal vez sus ocupantes no se hubiesen percatado del peligro que se cernía sobre ellos.

"Se me hace raro" —pensó pirata lector. "Según mis lecturas, ese barco debería huir a toda mecha o cañonearnos..."

Pero ni huyó ni lanzó proyectiles. Se diría que, casi, casi, se acercaba con disimulo.

Y no tardaron en estar emparejados, costado con costado, la embarcación pirata de oscura madera envejecida y el formidable galeón real de superiores dimensiones.

—¡Los piratas! ¡Los piratas! —gritaba el contramaestre, y su escasa y ricamente ataviada tripulación se revolvió de un lado a otro con pavor, como banco de sardinas que contempla un tiburón.

—¡Guardad la compostura! ¡Somos servidores de la Corona!

Pero toda aquella cohorte de servidores reales se apoyó, brazos en alto, contra la baranda del puente... O habían perdido los modales, o el juicio, o sencillamente estaban aterrorizados.

Aterrorizados de ver a los piratas descender sobre sus cabezas por escalas de cuerda con brillos de acero entre los dientes.

—¡Un paso en falso y os agujereamos! —articuló el capitán los primeros sonidos comprensibles.

—¡Agujereamos-jereamos-jereamos! —repitió el loro, sin que por una vez le lloviesen amenazas.

Excepto el contramaestre, que hubo de ser atado y aun así no paraba de tronar: "¡Somos servidores reales, somos servidores reales!", el resto de la pobre tripulación obedeció sumisa, sin rechistar, resignada.

El capitán pirata algo extrañado por tan escasa resistencia, susurró a oídos de su pájaro: "Esto no acaba de olerme bien..."

Y de improviso decidió:

—¡Al mar con todos! ¡Que los tiburones mastiquen sus lujosos trajes!

Y así se hizo.

Pero, una vez cumplida la orden sin gran oposición, sólo tímidas quejas, se dejó oír por todos los rincones de la nave un débil llanto. Un llanto prolongado. Sin duda, de niña.

Procedía de los camarotes inferiores.

Al capitán se le iluminaron los ojos, sabedor del origen de aquel llanto, si resultaban certeros sus augurios.

Bajó el pirata de bodega, que por su permanente euforia se envalentonaba más que nadie, y se produjo un repentino silencio. Un silencio majestuoso que sólo dejaba escuchar susurros de ola y lamentos leves de infantina.

Cuando volvió a cubierta, el pirata de bodega traía entre los brazos al cuerpecito que derramaba lágrimas.

Vestía amplios encajes y nobles bordados. Olía, ciertamente, a jazmín y bergamota. Y estaba oculta su cara tras unos bucles del color del trigo.

—¡Puaf, estaba todo encharcado! —se quejó el bodeguero.

—¡Déjate de ascos y huyamos! ¡Rápido! —ordenó el capitán con ojos relucientes.

—¡Rápido-rápido-rápido! —siguió ordenando el loro, más alto que nunca, firmemente erguido sobre el hombro de su amo.

7

En el que los piratas quedan sorprendidos al comprobar que la princesa es muy llorona.

CUANDO los cinco piratas estuvieron en su bajel de vuelta, los tripulantes del galeón real se las ingeniaron de muy diversas maneras para subir a bordo y marcharse con viento fresco y una rapidez que llenaría de asombro a quienes hubiesen contemplado su anterior apatía. Sólo el contramaestre continuaba, con un hilo de voz: "Somos servidores de la Corona, somos servidores de la Corona..."

Los corsarios, embelesados como estaban en la contemplación de la niña, no repararon en semejantes minucias.

—¡Dejadme ver su cara! —mandó el capitán. Que aunque tenga aroma de princesa, su llanto me llena de sospechas.

Y él mismo, con exquisitez, retiró de su cara los bucles, apareciendo ante su vista una niña de cara marchita, blanquísima, con ojos de nuez húmeda y labios de frambuesa.

Se trataba de la niña más hermosa que se pueda imaginar. Tan hermosa que produjo gestos de asombro en los piratas:

"¡Qué mofletes de cereza!", pensó enternecido el pirata pequeño.

"¡Su pelo parece un racimo de uvas!", se dijo para sus adentros el pirata de bodega.

"Si fuera negra... ¡sería perfecta!", exclamó para sí el pirata negro.

"Supera en hermosura a todas las princesas descritas en los libros de navegantes. E, incluso, a las sirenas", se aseguró a sí mismo el pirata lector.

—¡Es la más extraordinaria princesa que

jamás vieron los mares! —rompió el silencio el capitán.

Y siguió de este modo:

—Os aseguro que bien vale su peso en perlas... ¡Eh!, ¿qué dices tú, lorito?

—Lorito-rito-rito. —Dijo sin entusiasmo el loro, y por lo bajo pensó: "Sí, sí... Todo lo hermosa que digáis, pero no hay quién la soporte... A fe mía que en Palacio se la han querido quitar de encima..."

Y la niña, entre tanto, no cesaba de derramar lágrimas. Dulcemente, sin hipo, como si hubiera decidido licuarse por los ojos.

—¡Encerradla ahora mismo en la bodega! —ordenó el capitán con dudosa energía, quizás sólo con la intención de comprobar si esta amenaza la calmaba.

Se hizo cargo de ella el bodeguero, que le fue contando con pormenores el proceso de destilación de todos los licores conocidos

—ron, ginebra, vodka, etc.— por ver si entreteniéndola...

Pero ni por ésas.

La princesa derramaba lágrimas como insistentes gotas de lluvia... Y se empezaba a empapar la bodega...

Bajó después el pirata negro a relatarle historias macabras de caníbales, leyendas de plantas australes que devoraban tribus indígenas enteras, y cuentos negros para princesas blancas que a él mismo le contara su madre cuando niño...

Nada.

La princesa con ojos de nuez húmeda lloraba y lloraba, y ya sus lágrimas se alzaban a tres dedos del suelo.

Más tarde bajó el pirata lector, y relató a la niña historias verdaderas de piratas, corsarios y bucaneros de todas las épocas... Pero la niña lloraba, lloraba y lloraba, y ya sus lágrimas se alzaban a seis dedos del suelo.

Y de tanto llorar se cubrieron sus ojos con un aire violeta.

8

De cómo el agua atrae al agua, y el llanto de la niña origina una borrasca.

BAJÓ por último el loro. A regañadientes. Sólo porque se lo pidió de rodillas el capitán que, al fin y a la postre, era para él como un padre.

Y mientras el loro gesticulaba cómico, chasqueaba melodías selváticas con su pico corvo y hacía contorsiones con las alas, sólo por conseguir que acabase de una vez el llanto más y más convulsivo de la princesa, el capitán paseaba a grandes zancadas por la cubierta...

Y la niña lloraba y lloraba, y ya se alzaban sus lágrimas a nueve dedos del suelo...

Altura de lágrimas que empezaba a ser preocupante para la estabilidad de la embarcación...

—¡Está bien, subidla! —tronó el capitán apurado por el volumen de líquido.

—Tal vez... yo pueda hacer algo... —se expresó tímidamente el pequeño pirata timonel.

Y así el loro volvió a su hombro habitual, con gestos de agotamiento y fastidio... Hasta que las palmaditas cariñosas del capitán le hicieron recobrar su aire jovial.

Era ahora el pirata pequeño quien proponía a la princesa que manejase el timón, a ver si así la sacaba de su tristeza.

Pero, no. No pareció distraerla el invento.

Entonces, le prestó el catalejo.

Le indicó de qué modo alargarlo y contraerlo. Cómo situar los ojos y posar en él sus manos... Y, justo cuando la lente marina estuvo en posición correcta, algo debió la niña contemplar en el cielo que le hizo bramar con más ahínco.

Echó mano del catalejo el capitán con gesto enérgico y, en efecto: estaba el cielo cuajado de enormes nubes grises que se acercaban a paso de gigante.

—¡Por si no tuviésemos bastante líquido! —exclamó preocupado.

—¿Sabe qué le digo? —dijo el pirata lector. Que deberíamos subirla al mástil, y si quiere inundar más sitios... ¡que inunde el mar!

—Sabia ocurrencia, sabia ocurrencia... —asintió el capitán. Si hay algo difícil de inundar, debe ser el mar, naturalmente.

Y allí colocaron a la niña, enredada entre las jarcias.

Los nubarrones estaban rodeando el barco. Descendían de altura. Todo se tiñó de gris ceniza.

Empezó la gran descarga:

Un relámpago partió el cielo en dos trozos. Un trueno magulló la atmósfera ¡¡¡BRUUUMMM!!! igual que un carro de bueyes que rodara por una cuesta empedrada...

Y ¡¡¡FUIIISSSH!!! viento...

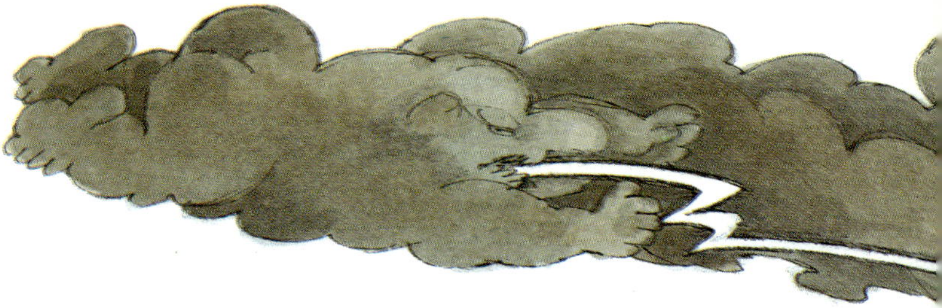

Ráfagas de viento como látigos que azotaban un triste bajel de velas algo sucias...

Viento ¡¡¡FUIIISSSH!!! vociferante y ladrador.

Se desabotonaron las ropas de la niña. Simulaba otra vela mayor su amplio vestido de encajes.

No conseguía el pirata timonel mantener firme la caña. El pirata negro sostenía el mástil con sus brazos de acero oscuro. El bodeguero buceaba en su bodega, pringado de lágrimas y lluvia.

Lluvia que, de espesa, se diría chocolate ¡XCLOPT!, ¡XCLOPT!, ¡XCLOPT!, casi sólida, difícil de atravesar andando.

El barco zozobraba.

Se refugió el loro entre los pliegues de la camisa del capitán. Yerto, húmedo, frío como rana de charca.

Ya no era posible adivinar si la embarcación pirata navegaba en un mar de aguas saladas o en una horrenda pesadilla.

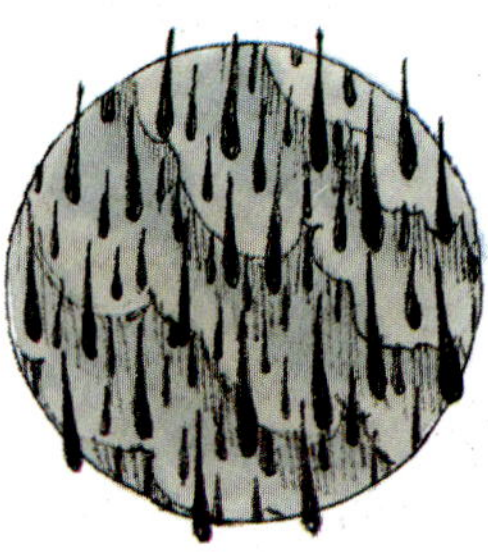

9

De un desembarco imprevisto
y una vela magnífica de encajes.

EL capitán, empapado hasta los tuétanos, voceaba órdenes:

—¡Arriad velas! ¡A barlovento!

El pirata negro sujetaba a la princesa erguida entre los restos del mástil para evitar que una ola cruel pudiera tragársela...

—¡A barlovento!

—¡Barlovento-vento-vento! —repetía el loro desde su escondite en los pliegues de camisa, con voz sumergida.

—¡Ceñid la embarcación!

Y la princesa aflojó su llanto, justo en el

instante en que comenzó la lluvia. Tal como si sus lágrimas se hubiesen intimidado ante rivales tan voluminosos como las nubes y el mar juntos en un llanto cósmico.

"El cielo —pensó— sí que llora a borbotones y nadie le regaña. Quizás no tenga un padre tan terco como el mío. O, tal vez, nadie le reprocha que llore de vez en cuando, porque de ese modo su llanto no cansa."

—¡Quiero llorar tan sólo cuando yo lo desee! —imploró la princesita. ¡Quiero llorar cuando a mí me apetezca! ¡Sólo cuando me apetezca!

Y entonces prorrumpió en un llanto espléndido causado por su llanto innecesario. Mientras, el riesgo de naufragio persistía y la noche era profunda como fosa marina. Negra. Glacial. Una de esas noches en que un pirata curtido llega a ponerse hosco, bronco, de mala ley, y se enemista con la mar, y la increpa:

—¡Mala mar de los diez mil demonios!, ¿es que quieres matarnos a todos?

Y el tiempo no transcurría, o lo hacía de mala gana. Interminable como la lluvia...

Trajinaban de proa a popa los piratas, de bodega a cubierta; achicando líquidos, sujetando aperos, escupiendo maldiciones... hasta que, doloridos, tumefactos, perdieron los cinco sentidos y la razón del tiempo, ajenos, entregados sin voluntad a la cólera marina. Acaso la borrasca les robó el alma mientras devolvía a la niña la voluntad sobre sus lágrimas.

El barco flotaba a la deriva, tronchado en su mitad el mástil, desgarradas las velas, cientos de peces frenéticos saltando sobre cubierta... Y en pie sólo, sola sobre medio mástil, la princesa, desabotonados sus encajes como un amplio velamen al viento manteniendo la vertical de la nave, transformada en cariátide que sostuviera la bóveda celeste.

Asomaba el pirata de bodega entre aguas de lluvia, de lágrimas y ron, a partes iguales. El pirata lector reposaba su cabeza sobre el resto de hojas empapadas que las olas y el viento no le robaron a su libro. Y el retaco tenía agarrotados los dedos en el timón...

Y tras la tempestad, llegó la calma.

Amainaba por fin, y el navegar se convirtió en un bamboleo adormecedor, tranquila ya la embarcación desvencijada tras saberse a salvo de las furias. Y así, meciéndose, meciéndose, vino a golpear contra algo recio, y crujieron sus maderas.

Se quebró en dos el navío, quedando que ni para un zurcido.

Pero, ¿contra qué demonios había golpeado?: ¿Arrecife, acantilado o ilusión?

Pues, nada más y nada menos que... contra una isla minúscula del inmenso océano donde pacía una cabra. Una cabra servil y dócil que rumiaba tréboles sin pausa.

El golpe hizo salir a los piratas de su somnolencia. Fue dibujándose en sus caras una sonrisa amplia de abanico andaluz. Y, derrengados, miraron desde lo que quedaba de baranda, atónitos ante tan grande acontecimiento.

No cabía duda: aquélla era la cabra Cabra, y los islotes, su Archipiélago, pero ...

¿Quién sería aquella niña de sonrisa leve que, caída desde el penúltimo trozo de mástil con una carta azul entre las manos, los miraba fijamente?

10

En el que se desmemorian los piratas y se desvela el contenido de una carta real.

LA niña era, naturalmente, la princesita, con una última lágrima resbalando su mejilla, una sonrisa débil en los labios y sus ojos de nuez ajados. Pero, para los piratas, recién salidos de la infernal pesadilla, no pasaba de ser un ser extraño y desconocido... Quizás la tormenta también les había robado la memoria, porque se miraron entre sí con extrañeza, preguntándose:

—¿De dónde demonios habrá salido esta criatura?

—¿Cayó tal vez llovida en la tormenta?

Y entonces ella, para sacarlos de su asombro, les mostró la carta, que fue leída en voz alta y con recelo por el capitán:

El Rey Su Majestad:

Ordena sea abandonada a su suerte ésta, la más pequeña de sus siete hijas, en castigo por su ininterrumpido llanto.

Llanto que desquicia a la Corte entera, desde su Majestad hasta el último bufón.

Habiéndose procurado por todos los medios hallarle remedio a su mal y no encontrándolo, nos vemos en la obligación de desheredar y privar de sus derechos a la susodicha.

Confiamos que la mar será un magnífico recipiente para sus lágrimas, y que el destino ha de ser benévolo con ella.

Firmado: Su Majestad, El Rey.

Terminada la lectura de la carta, quedaron mudos los corsarios durante un rato, escuchándose en la isla solamente el tenue masticar de Cabra, que, de reojo, miraba aún más atónita a la princesa.

—Toda mi vida —rompió el silencio el capitán— soñando el día en que los mares me entregaran, no una cabra, sino una princesa cuyo rescate en oro superase todos los tesoros conocidos, y, ahora, me encuentro con una huérfana cuyo padre, nada menos que el Rey, me encarga custodiar. ¡Demonios todos del infierno! ¿Os habéis conjurado contra mí?

Gritó el capitán, visiblemente contrariado, y la emprendió a garfiazos contra el viento.

—¿Y qué haremos con ella? —preguntó sin alzar la voz el pirata lector.

—¿Qué haremos con ella? ¿Qué haremos con ella...? ¡Qué sé yo lo que haremos! —vociferó el capitán, y, dirigiéndose a la niña, con algo más de suavidad, interrogó:

—¿Qué quieres que hagamos contigo? ¡Dinos!

Y la princesita, con azoramiento y temor le respondió:

—Es que... en realidad no sé... para qué podría serviros...

Terminó entre hipidos y se encogió de hombros, sin saber qué decir y temiendo la cólera de los corsarios.

—Mi capitán —terció el pirata lector—, si fuimos capaces de encontrarle ocupaciones a una cabra, ¿cómo no se nos va a ocurrir qué hacer con una princesa?

Y entonces, ensimismados, pasearon cavilando en torno a la niña que, medio llorosa, sugirió:

—Si queréis... puedo ser la princesa de vuestra isla...

—Pero es que aquí no sólo hay una isla —replicó el capitán—, sino ciento una.

—Pues entonces —se atrevió el pirata retaco a sugerir—, que sea cada día princesa de una isla diferente.

—¡Y para qué diantres nos sirve una princesa!, digo yo, y ¡basta ya! —zanjó la cuestión el capitán. ¡Lo importante ahora es que pensemos cómo arreglar la embarcación!

Y se giró enérgico, cruzando brazo y garfio mientras el loro graznaba desde dentro de su blusón, en donde permanecía escondido desde que diera comienzo el temporal.

El capitán lo tomó en su única mano y le indicó con el garfio los restos de maderamen para que se fuera haciendo cargo de la situación, y viera con sus propios ojos el lastimoso estado de la nave:

Aquella embarcación que tuvo un día rendidas a sus pies a todas las aguas del Globo, estaba ahora partida como un limón... Flotando a la deriva enseres, barriles, aparejos. Y con la negra bandera pirata sin apenas una tibia reconocible.

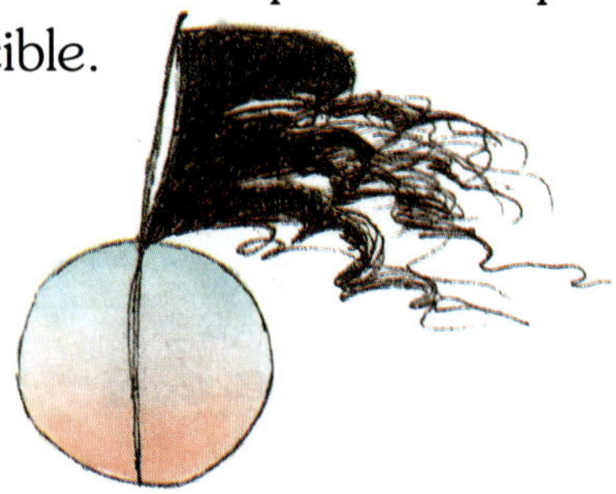

11

De cómo el loro monta en cólera y duerme un hondo sueño la princesa.

ANTE visión tan desoladora, el loro no tuvo por menos que entristecerse. Y en un arrebato de furia se lanzó en vuelo hacia la única parte flotante del barco, que, curiosamente, era popa.

Desde allí gritó con vigor:

—Sois los piratas-ratas-ratas menos piratas que en mi vida he visto... ¡Adiós! ¡Que os zurzan!

Y empezó a ascender, mientras el capitán, visiblemente indignado, se aupaba a saltos de pata y palo tratando de atraparlo e implorando:

—¡Vuelve, loro del infierno, vuelve inmediatamente! ¡Esto no se le hace a un compañero! ¡Vuelve, te digo! ¡Vendrán tiempos mejores!

Y el loro, por respuesta, descendió unos metros y dedicó a los corsarios un corte de mangas con las alas:

—¡Que os zurzan! —repitió—. ¡No aguanto más!

Boquiabiertos, los cuatro piratas rasos sujetaron al capitán que, trastornado por el desplante del loro, se introducía más y más en el mar, fuera de sus cabales, tratando de darle alcance.

Cuando el pájaro fue sólo un punto lejano en el cielo, el capitán, arrogante, se desasió de los ocho brazos que lo sujetaban y, conteniendo su ira, dispuso que bajaran a la niña a la guarida:

—¡Llevadla abajo! ¿No veis cómo bosteza? —dijo, más que nada por encontrarse a solas y rumiar sus penas sin presencia alguna.

La princesa exclamó un "¡oooh!" maravillada cuando contempló el interior de la guarida y descubrió el espectáculo maravilloso que se ofrecía a través de la pared de cristal-roca:

—Como esta ventana no las había en palacio... —se atrevió a decir.

—Es una ventana de cuento —continuó

el pirata lector. De un cuento de princesas.

—¡Ja, ja, ja! —rieron, y subieron a la superficie, cerrando la trampilla tras de sí.

La princesa, agobiada de cansancio, se recostó sobre el jergón más cercano a la ventana. Sus ojos, semicerrados, barruntaron más que vieron el fondo marino:

Agua añil de perfecta limpidez, peces linterna, estrellas de mar con luz propia, quimeras bailarinas, caballitos de mar con las crines de plata, ancianas tortugas meciendo rémoras, medusas opalinas, calamares acróbatas, y un pez luna de inmensas proporciones que dormía profundamente...

Tan profundamente como la princesa, sin sobresaltos ni pesadillas.

Entre tanto, el capitán, aún no repuesto de la huida del pájaro, se quejaba a los cielos:

—¡Debí desplumarte hace años, loro traidor! ¡Ahora me arrepiento de no haberlo hecho! —decía mientras se revolcaba fuera de sí.

Y en esa actitud lo encontraron los cuatro corsarios al ascender de la cueva, aunque, al pronto, se recompuso ordenándoles:

—¡Salid de inmediato a buscarlo! Un loro viejo no puede llegar lejos...

Y refunfuñando subieron al bote y se hicieron a la mar, sin más instrumento de navegación que su probada pericia de viejos zorros corsarios.

12

De cómo la princesa humedece sus pies y lo que apareció flotando en una cuba.

NO se sabe a ciencia cierta qué mañana, la princesa subió a la superficie, somnolienta, desperezándose tras su letargo prolongado.

Le había abierto Cabra la trampilla cuando escuchó el golpear frágil de sus nudillos.

La princesa humedeció en el mar sus ojos de nuez, miró en torno suyo, se vio sola y alzó, satisfecha, los brazos al cielo. Una brisa ligera removió sus bucles trigueños.

La cabra Cabra siguió rutinaria en su lugar.

"¿Cuánto tiempo habré dormido?, ¿dónde se fueron el loro y los piratas?, ¿qué puedo hacer?", eran algunas de las preguntas que rondaban la cabeza de la niña mientras metía en el agua sus pies, sentada sobre la arena.

Las olas salpicaban de espuma sus tobillos y empapaban su vestido de encajes, menos blanco ahora que aquel brumoso día del rapto.

La niña fue ondina, sirena más tarde, sílfide después... hasta que, a lo lejos, en la raya donde se desorientan cielo y mar, se divisó medio barril de madera bamboleándose sobre las olas con suavidad. En su interior se distinguía un rostro duro poblado de barba blanquecina a intervalos, y dos brazos, o aletas, o vaya usted a saber qué.

—O se trata de un genio marino o es, simplemente, el capitán. —Se pensó la niña.

A medida que se aproximaba el tonel, se aclaraba la silueta de su tripulante. Cuando estuvo a pocos golpes de remo de la playa, se agrandaron las olas hasta cubrir las rodillas de la niña sentada que, con incertidumbre y desvelo, se puso en pie, mirando atentamente aquella aparición. Un hormigueo recorrió su espalda.

El tripulante de la cuba resultó ser el capitán pirata. Cojo, con pata de palo. Y

manco, con garfio en un brazo. Y tuerto, con parche en un ojo. Y, ¡santo cielo!, sin loro... Sin un loro que llevarse al hombro.

Bajó del barril, mojado como una almeja, despotricando contra todo y con las fuerzas justas.

Justo con las fuerzas para dejar a buen recaudo el contenido del tonel, sentarse sobre la arena y emprender un discurso en voz baja, mitad incoherencia mitad dolor:

—Salí tras ellos como pude... Tú estabas bien, dormías, no quise despertarte... Tu sueño podría haber durado meses... Tan agotada estabas... Cómo permitir al ingrato loro que escapara... Y los cuatro tan torpes como mi pata nunca daŕian con él, ni aunque los condujera el viento... ¡En un barril!, ¡todo un capitán en el barril que le salvó a una cabra la vida!... Princesa, princesa, princesa...

Terminó desfalleciendo el capitán. Le secó la niña como pudo, e hizo llegar a la cabra Cabra para que le diese calor con su pelo y un poco de alimento con sus ubres.

Atardecía en la isla. Dormía saludablemente el capitán pirata. Y la princesa, vigilando su sueño y el leve rumiar de Cabra, se sentía de algodón ante tan amplio horizonte donde regocijar sus ojos.

13

Se da fin a esta historia con una ceremonia de siembra.

AL despuntar las primeras luces, el capitán pirata prorrumpió en gritos contra el loro, sus camaradas ausentes y su desventura:

—¡Acabaré desplumándote, maldito loro! ¡Izad la de luto, inútiles, porque voy a descuartizaros!

Sus gritos despertaron a la cabra Cabra, que la emprendió a berridos. Y a la niña, que se sobresaltó y se puso en pie como un rayo, haciendo amagos de huir despavorida.

El capitán, cuyo despertar nada tenía que envidiar al despertar de los volcanes, cayó en la cuenta de su desvalida situación y suavizó sus gestos. Y como si de improviso se le hubiese venido al magín algo de suma importancia, se dirigió al barril que le trajo a la isla en su último viaje, y lo vació a los pies descalzos de la niña.

Rodaron por el suelo frutas de vivos colores. Y el capitán, inexplicablemente, se atrevió a decir:

—Son para ti.

La princesa, extrañada, tomó de entre la fruta derramada una manzana... La mordió con avidez... Sacó del interior una semilla y, escarbando un hoyo con sus dedos, introdujo el pipo y lo enterró.

—Para que crezca un manzano —dijo—. Y no tengamos que salir a buscar fruta.

El capitán la miró complacido, con algo de rubor. Y, al punto, cogió en su mano unas gotas de leche de la cabra Cabra, y las depositó, cortés, desconocido, en el semillero.

Y dijo:

—Así tendrán muy blanca su carne las manzanas.

La princesa sonrió alborozada y saltó de júbilo sobre la superficie breve de la isla. Luego, arrodillada junto al semillero, se pinchó la yema de un dedo con un alfiler de plata, depositó en la tierra tres gotas de sangre, y dijo:

—Así tendrán muy roja su piel nuestras manzanas.

El capitán posó su única mano en el cabello de la niña, lanzó una mirada fugaz al cielo, limpio, turquesa, y con la sola presencia de la cabra por testigo, pronunció estas palabras:

—Desde hoy serás la Princesa del Archipiélago. Mi refugio es tu palacio, y mi cabra, tu dama de compañía.

Y la niña, emocionada, exclamó:

—¡Llenaremos de manzanos el Archipiélago!

—Sí, lo llenaremos —apostilló el capitán contento, pero al dirigir sus ojos a la embarcación destruida empezó a pestañear con tristeza.

—No te preocupes, capitán —habló la niña pausadamente. Ya verás cómo tus compañeros regresan con el loro. Y reconstruiréis el barco, y os lanzaréis de nuevo al mar.

—¿Sí? ¿Tú crees?

—Estoy segura de ello.

—Y hasta es posible que tú hayas crecido

varios palmos para entonces, estés tan alta como los manzanos y salgas también a la mar con nosotros.

Y al tiempo que crecía el embeleso del capitán pirata, por la cara de la princesa resbalaban dos lágrimas. Dos lágrimas que el capitán se apresuró a secar mientras besaba su frente con ternura.

OTROS TÍTULOS PUBLICADOS
Serie: a partir de 6 años

81. *¡Qué mala cara tienes!*. Javier Vázquez.
88. *Una jirafa de otoño*. Andrés Guerrero.
89. *Pisco pasea por la ciudad*. Martín Casariego.
90. *El hijo del viento*. Ricardo Alcántara.
91. *El arca de Noemí*. Javier Olivares.
92. *El cuaderno de hojas blancas*. José María Merino.
97. *No eres una lagartija*. Concha López Narváez.
99. *Pisco sueña con el Capitán Caimán*. Martín Casariego.
100. *Regreso al cuaderno de hojas blancas*. José María Merino.
106. *Días de perros*. Violeta Monreal.

OTROS TÍTULOS PUBLICADOS
Serie: a partir de 8 años

1. *A bordo de La Gaviota*. Fernando Alonso.
2. *El hijo del jardinero*. Juan Farias.
3. *Oposiciones a bruja y otros cuentos*. José Antonio del Cañizo.
5. *Cuatro o tres manzanas verdes*. Carmen Vázquez-Vigo.
11. *El faro del viento*. Fernando Alonso.
14. *Unos zuecos para mí*. Carmen Pérez-Avello.
17. *Historia de una receta*. Carles Cano.
21. *El tesoro de las mariposas*. M.ª Antonia García Quesada.
25. *En Viriviví*. Consuelo Armijo.
27. *Alejandro no se ríe*. Alfredo Gómez Cerdá.
28. *El robo del caballo de madera*. Joaquín Aguirre Bellver.
31. *Don Inventos*. M.ª Dolores Pérez-Lucas.
32. *Cuentos de cinco minutos*. Marta Osorio.
34. *El último de los dragones*. Carles Cano.
35. *Memorias de una gallina*. Concha López Narváez.
36. *El inventor de mamás*. Braulio Llamero.
41. *El Archipiélago de la Cabra*. Antonio Rubio.
42. *La ciudad que tenía de todo*. Alfredo Gómez Cerdá.
49. *La llamada de las tres reinas*. Xoán Babarro, Ana M.ª Fernández.
50. *El pequeño davirón*. Pilar Mateos.
53. *Mi amigo el unicornio*. Antonio Martínez Menchén.
55. *La gallina que pudo ser princesa*. Carles Cano.

56. *Mágica radio*. Francisco J. Satué.
57. *El planeta de Mila*. Carlos Puerto.
61. *Amelia, la trapecista*. Ricardo Alcántara.
62. *Una semana con el ogro de Cornualles*. M. A. Pacheco.
64. *Aventuras de Picofino*. Concha López Narváez.
65. *La aventura peligrosa de una vocal presuntuosa*. Angelina Gatell.
70. *No se lo cuentes a nadie*. M. Assumpció Ribas.
71. *Las desventuras de Juana Calamidad*. Paco Climent.
75. *La bici Cleta*. Daniel Múgica.
77. *En mi casa hay un duende*. Antonio Martínez Menchén.
80. *De hielo y de fuego*. M.ª Dolores Pérez-Lucas.
83. *Juana Calamidad contra el hombre-lobo*. Paco Climent.
84. *Cara de Almendra*. Juan Tébar.
85. *Los superhéroes no lloran*. Manuel L. Alonso.
95. *Estrella siente el tiempo*. M. Assumpció Ribas.
101. *El gran amor de una gallina*. Concha López Narváez.
102. *El último elefante blanco*. Marta Osorio.
103. *La niña que no quería hablar*. Antonio Martínez Menchén.

OTROS TÍTULOS PUBLICADOS
Serie: a partir de 10 años

4. *Montes, pájaros y amigos*. Montserrat del Amo.
6. *El largo verano de Eugenia Mestre*. Pilar Molina Llorente.
7. *El Mago de Esmirna*. Joan Manuel Gisbert.
8. *Mi tío Teo*. Pilar Mateos.
9. *El árbol de los pájaros sin vuelo*. Concha López Narváez.
10. *El soñador*. Joles Sennell.
12. *La leyenda de Boni Martín*. José Luis Olaizola.
13. *Nadie habrá estado allí*. Ángela C. Ionescu.
15. *Adiós, Josefina*. José María Sánchez-Silva.
19. *Mi hermana Gabriela*. José Luis Olaizola.
20. *El secreto de Gabriela*. José Luis Olaizola.
22. *Romaníes*. Marta Osorio.
23. *Luna en la frente*. Joaquín Aguirre Bellver.
24. *La Cuesta de los Galgos*. Juan Farias.
26. *Lope y su amigo indio*. Juan Ignacio Herrera.
30. *Mi amigo Fernández*. Fernando Lalana, José María Almárcegui.
33. *La pareja indomable*. Jesús Ballaz.
37. *El gigante que perdió una bota*. Carlos Murciano.
38. *Jim*. Manuel L. Alonso.
39. *El día que hizo mucho viento*. Jorge Bogaerts.
43. *El Gran Dragón*. Jordi Sierra i Fabra.
44. *Bilembambudín o el último mago*. Elsa Bornemann.
45. *Pan Gu*. Fernando Almena.
51. *La isla de las montañas azules*. Manuel L. Alonso.
58. *Silverio el Grande*. Pilar Mateos.

59. *Encuéntrame un tesoro*. Joles Sennell.
66. *Prohibido llover los sábados*. Maite Carranza.
67. *Cuentos roídos*. Carles Cano.
68. *14 de febrero, San Valentín*. Ricardo Alcántara.
72. *Los monstruos de la niebla*. Fernando Martínez Laínez.
73. *Navidad. El regreso de Eugenia Mestre*. Pilar Molina Llorente.
76. *El vampiro del torreón*. Josep Lorman.
78. *Los viajes de Pericot*. Carles Cano.
79. *Sin miedo a los brujos*. Pilar Mateos.
82. *La guerra de los minúsculos*. Andreu Martín.
87. *Un genio en la tele*. Jordi Sierra i Fabra.
94. *Dilaf el sabio*. César Vidal.
96. *La increíble historia de Fulvio Malagana y su perro Barbas*. Jaume Escala.
98. *Un problema de narices*. Jaume Ribera.
105. *Alba, Blanca y el alot*. Carlos Murciano.

OTROS TÍTULOS PUBLICADOS
Serie: a partir de 12 años

16. *Operación Pata de Oso*. María Puncel.
18. *¡¡¡Lambertooo!!!* Jordi Sierra i Fabra.
29. *La nave fantástica*. Jordi Sierra i Fabra.
40. *El lago de plata*. Joaquín Aguirre Bellver.
46. *Relatos galácticos*. Jordi Sierra i Fabra.
47. *La fortuna de Ulises*. Juan Farias.
48. *No somos irrompibles*. Elsa Bornemann.
52. *El hombre que perdió su imagen*. Jordi Sierra i Fabra.
54. *Conspiración en el parque del Retiro*. Avelino Hernández.
60. *Silvián y Dariada*. Víctor Mora.
63. *La momia Regina*. José María Mendiola.
69. *Los ojos del dragón*. Àngels Gardella.
74. *El guardián de la Luna*. Jordi Sierra i Fabra.
86. *La fantástica historia de J. S.* Joles Sennell.
93. *Cuando de noche llaman a la puerta*. Xabier P. Docampo.
104. *La burbuja de la felicidad*. José Luis Olaizola.